Ronald WOUEGOUM TALA
Fabrice TCHOFO NOTIO
Guy Martial MEFEUN'YA
Aimerik Andy SEUTCHIE LEUDJEU

Anthologie d'Afrique et d'ailleurs,

Mélanges offerts à Engelbert Mveng

ISBN : 978-9956-0-9828-6

Anthologie d'Afrique et d'ailleurs,

Mélanges offerts à Engelbert Mveng

TIG Editions

Phone: 00237 693 553 904
E-mail : tig.editions@gmail.com

www.tig-books.com

Aux morts qui, en nous vivent
Aux vivants qui se meurent et
Aux voix des sans-voix qui vivifient les cœurs agonisants
Ne cessons de croire en la victoire de l'amour
Sur les chaînes et la haine
Promesse d'un futur meilleur...

Anthologie d'Afrique et d'ailleurs

Préface

Au commencement étaient les mots puis vint le poète. Puisque la langue est commune mais le langage individuel, parce que nous (lui, toi et moi) sommes le style, parce que les uns sont presqu'inaptes de la parole et d'autres se démarquent de par leur éloquence; au vu de notre entourage nous nous situons au milieu et aspirons à la dernière classe évoquée. Cette classe propriété du poète et que les politiques tentent tant bien que mal de la leur déposséder.

Puisque le sentiment est la résultante d'une impression que produit sur nous l'effet de ce que nous voyons, entendons, ressentons et vivons, ces pages que nous vous présentons sont le reflet de notre être au moment de les meubler. Vous vous demandez sans doute qui sommes-nous et que disons nous, comme il est de nature humaine de se questionner et de questionner le monde. En réalité, il n'existe guère de tâche plus difficile que de parler de soi, tout comme il est ardu de prétendre connaître quelqu'un plus que lui-même. Qui est-il ? Telle est la première préoccupation des interlocuteurs lorsqu'une entité lambda à qui la parole n'a jamais été donnée la dérobe et se place au milieu de la foule contre toute attente et prétend parler au nom de la plèbe. Ronald Wouegoum Tala, Guy Martial Mefeun'ya, Aimerik Andy Seutchie Leudjeu et moi Fabrice Tchofo Notio sommes des humains qui nous préoccupons de l'humanité comme chacun d'entre vous, qui nous lamentons de la situation du monde, qui nous interrogeons sur l'espèce humaine, qui chantons l'amour et la solidarité, qui pleurons les disparus et ceux inscrits sur les listes d'attente, qui avons dénudé nos âmes pour vêtir ces pages que nous vous proposons.

Lorsque j'ai rencontré Ronald Tala à la première année du second cycle de l'enseignement secondaire, plus précisément en seconde littéraire, nous avons immédiatement noué les liens d'amitié grâce à notre passion commune : la lecture. Quand il se raffolait de Jean-Baptiste Poquelin, Henry Beyle, Jean Paul Sartre et bien d'autres défenseurs de la cause éthique ; je cherchais le mystère entre

Alfred de Musset et Amantine Aurore Lucie Dupin, j'utilisais à tort et à travers les expressions et les vers d'Alphonse de Lamartine tout en griffonnant de temps à autre deux à trois sonnets à Prudence par trimestre, jouant au fœtus Ronsard. Un an plus tard, ensemble nous découvrîmes Angelbert Mveng qui dans une sonorité propre à l'Afrique chante la fraternité, appelle à la réconciliation. Notre curiosité nous a dès lors mené à la découverte de Fernando d'Almeida, Samuel-Martin Belinga, Paul Dakeyo, Louis-Marie Pouka et récemment le jeune Nsah Mala.

Nous nous sommes mis à l'esprit de faire un « *mélange* » quand l'occasion se présentera et après quelques années de séparation physique, nous nous sommes rencontrés de nouveau à Douala, là où les *problèmes du cœur* et les *problèmes du monde* s'étaient rencontrés pour la première fois. Pendant cette séparation, la vie lui avait offert deux autres amis passionnés de la lecture et de la parole. C'est ainsi qu'il nous a présenté les uns après les autres et de nos multiples rencontres, a accru notre désir de dépeindre le paysage sociopolitique qui prévaut dans le monde et particulièrement en Afrique et pour cela, nous avons décidé de féconder nos idées pour mettre au monde cet enfant né de quatre parents et que volontairement nous le plaçons sous la protection du père anthropologue, poète et homme à plusieurs facettes Engelbert Mveng afin de lui rendre un bel hommage pour ses multiples travaux.

Le monde à ce jour est celui des avoirs, de ceux qui possèdent des billets de banques, de ceux qui décident comment les évaluer et les utiliser, de ceux qui décident qui doit vivre ou pas, de ceux qui, assis dans leurs bureaux, couchés sur leurs lits en bois massif, allongés dans leurs sofas Louis XV, donnent des ordres qui sont exécutés à la vitesse de l'éclair. Ce monde dénaturé et aujourd'hui plongé dans ce qu'ils nous obligent à appeler *mondialisation*, bien qu'étant tous conscients que les limites physiques, géographiques et idéologiques deviennent de plus en plus marquées. Quand la différence devient le nœud d'un problème, il y aura toujours une limite entre deux individus malgré le nombre infini des éléments convergents. Un camerounais regardera toujours différemment un autre camerounais, pareil pour un français face à un autre, un coréen face à un autre, un mexicain devant un autre, tout comme un couple, naturellement, regarde autrement leurs propres enfants. Imaginons dès à présent ce qui advient de la rencontre des mondes, Africain, Européen, Américain, Asiatique et Océanique lorsque les enjeux économiques poussent simultanément à diviser et rassembler. Un roumain est un Européen et de surcroît citoyen de l'Union Européenne mais il est évident que le regard qu'un espagnol porte sur lui est différent de celui qu'il porte sur un français. Nous estimons que les convergences devraient triompher sur les divergences.

L'*Anthologie d'Afrique et d'ailleurs* est une enfant cabocharde à qui les railleries sont à l'esprit ce qu'est la fiente à la terre, elles le rendent plus fertile. Elle viole les règles du genre et du style comme Aimé Césaire et Léon-Gontran Damas, elle innove comme Leopold Sédar Senghor, sans prétendre faire mieux ; elle respecte les pères fondateurs quoi que désobéissante. Elle interroge et s'interroge, elle questionne les actions de l'Homme, elle extériorise ses souffrances causées par le mal-être social, elle s'évade dans les sentiers interdits, elle agonise sous le poids des tares sociales. C'est un cri de douleur contre la pseudo-mondialisation, un appel à l'humanisme, une catharsis, un chant aux sonorités érotiques, car lorsque tout semble immonde, le seul refuge demeure la poitrine de la personne pour qui le cœur se consume au moindre regard.

La diversité des termes que nous proposons dans un style un peu particulier et qui sort de la normalité est le moyen que nous avons trouvé pour mieux décrire notre environnement. À la question qui sommes-nous ? *Racine* et *Gambaland* se chargeront de vous répondre pendant que *Kumba le combat* décrira l'actualité et *Rose épinée* le ressenti. L'être humain est ce qui nous intéresse mais nous ne présentons pas un précis de psychologie et d'anthropologie ou de sociologie non plus. On ne peut rien évoquer sans placer l'humain au centre : les guerres, la technologie, l'amour etc.

L'amour étant aussi vieux que le monde, il ne demeure pas une équation facile à résoudre et bien que le début soit toujours merveilleux pour tout le monde, chacun a une fin qui lui est propre. Le cœur fleurit le matin et il y a plus de chance qu'il fane le soir, il s'allume pour une personne qui a autre chose à offrir, il brûle pour une personne qui n'a ni de l'eau ni une poignée de sable pour l'éteindre. En chœur les cœurs peuvent chanter mais pas éternellement.

Fabrice Tchofo Notio.

Mélange

Fabrice Tchofo Notio

14

Le gardien du silence

Posté à des kilomètres
Sa vision est panoramique
Du monde, il se croit maître
Accoutrement pharaonique

Immobile perché sur une cime
Des versets bibliques il mime
Il porte autour du cou une croix
Mais est-ce vrai qu'en Christ il croit ?

À ses côtés son compagnon kalachnikov
À l'allure du puissant Alexandre Kozlov
Sur sa fiole voilée se lit sa langueur
Attesté d'une grande fidélité et honneur

Brave défenseur de la patrie et la nation
Mais contre son peuple il se bat corps et arme
Aux services de la nation ou des ambitions
Son corps n'est plus le sien et que dire de son âme

Il vit sans vivre mais étonnement ne meurt point
Dans l'une de ses abondantes poches, un trésor
Son épouse et sa fille toutes deux d'embonpoints
Un, deux, trois quatre, dix corps couchés, il les sert
fort

Son épouse la plus grande force et sa fille la mère
de la chance
Un, deux, trois, quatre, dix séduisantes jeunes et
vieilles veuves
D'innombrables petites vies certes en perpétuelle
décadence
Si seulement ses envoyeurs pouvaient leur offrir de
vies neuves

Il célèbre ses prouesses le poing levé signe d'une
grande reconnaissance
Il regarde les cieux puis baisse le visage et réanime
son meilleur compagnon
Le tiens fort, le pousse incessamment afin qu'il
crache du feu dans une belle cadence
Ses compagnons d'hier ses ennemis aujourd'hui,
effacés par le biais du meilleur compagnon

Il aime son formose costume sans ornements, sans
étoiles, sans étoffes sur les épaules
Les chefs lui en mettront pleins et les ornements et
les billets de banque et les galons
Il est neuf heures, il pense à son épouse dans leur
jardin et sa fillette sur ses épaules
Les trois se moquant de la vie oubliant celles qu'il
a volé, du champagne sur ses galons

Plus le temps suit son cours plus il s'arme de force

plus les corps de partout tombent
Minute d'inattention, regard sur la photo de son
épouse et sa fille, il trébuche et tombe
Dans un pré rougeâtre, le brave défenseur de la
nation est au sol le front cloué
Il serre sa charmante épouse et sa ravissante fille
contre sa poitrine trouée.

À Marguerite

Minuit dix, le sommeil n'a daigné me faire une
visite.
Les remembrances empaquettent mon âme quand
mon cœur joue à la lyre.
Mes mains frémissant tiennent le stylo qui sur du
papier couche des lyres.
Mais de la célérité, il le faut pour dédire avant
d'être au chevet d'une mort subite.

Comment avez-vous osé désapprouver les paroles
prononcées par un joyau de cœur?
Comment pourrait-il ne pas être vrai, quand ma
sincérité auprès de vous me rend esclave?
Voulez-vous qu'à point amour vous berce une mer
chaude bouillante de douleur?
Quand dans mon cœur à ce vraisemblable amour, je
ne trouve point d'enclaves.

Vous osez rejeter au vu de tous cette félicité que je
convoiterais sans relâche.
Auriez-vous oublié qu'en couple furent créées les
âmes par notre créateur ?
Et si sans amour vous fûtes créée, laissez-moi le
soin d'accomplir cette tâche.
Quel dessein avez-vous quand avec hardiesse vous
séparez deux âmes sœurs?

Vous m'avez offert une danse pour suriner mon
âme et dérober ma raison.
Aujourd'hui je suis un corps sans âme, ni raison, ni
cœur, qui déambule.
Amour, piètre sentiment qui crispe et cristallise
mes restes ; j'ai goûté à ce fameux poison.
Comment ai-je encore pu succomber, sans cesse, en
amour j'ai toujours été nul.

Vous êtes si précaire et gouleyante qu'en moi vous
avez réveillé un amour lyrique.
Si votre regard avait été obtus, sans doute je serais
retourné intact.
Cette magnifique plage de Kribi ne saurait être le
théâtre d'un drame idyllique.
Je ne vous condamne guère et je ne maudis point
cet instant de contact.

Je vous aime d'un amour aussi vif et ardent que
respectueux et, à vous, je serais un dogue.
Marie de Magdala est votre idole et mon amour à
l'usine de votre pensée est ressorti charnel.
De votre amitié je ne veux point, mais, vous
attendrir d'un amour selon le décalogue.
La réponse à un tel amour ne pourrait se limiter à
un aspect si fraternel.

Demain avant le premier chant du coq le plus
matinal, je lèverai les voiles.
Je partirai en grand enfant triste et content d'avoir
rencontré une si belle orchidée.
Je partirai seul, vous retiendrez mon âme et ma
raison et mon joyau de cœur sans voile.
Mademoiselle Marguerite, à cause de vous je
partirai gardant de l'amour cette affreuse idée.

Vous avez le remède à mes maux.
Soignez-les avec d'avenants mots

Le père et la mère

Le père a un penchant alcoolique
Il accentue ses visites dans les snack-bars chaque soir
La mère se fait aléser dans les hôtels sans moratoire
Ils ont deux enfants aux visages angéliques

La fille toute belle recense les couloirs
La mère a tout sauf un caractère pudique
L'innocent fils raconte sa misère en musique
Devenu la risée du quartier il broie du noir

Le père rentre tard dans la nuit
La mère sonne à la porte à minuit
Le fils a les larmes aux yeux

Le père tout puant est presqu'évanoui
Peut-être sans ce père le fils serait mieux
La fille la jolie belle-de-nuit toute épanouie

Le meilleur des 14

Ma petite reine adorée, ma précieuse fleur attendrie,
Je me sers de ce jour pour vous décerner votre accessit,
Pour votre délicatesse et votre sourire enchanteur,
Pour cet amour qu'en moi vous faites accroître avec douceur.

Permettez-moi d'informer au monde combien je vous aime,
Que la terre, la mer le sache et le ciel de même.
Laissez-moi vous crier combien vous me rendez bienheureux,
Combien votre accompagnement me fait me sentir précieux.

De mes lèvres, les mots expirent au moment de m'exprimer,
Puisque vous me fascinez tant ma tendre dulcinée.
Serais-je né pour vous aimer et vous servir ?
Car nul ne peut séparer ce que la nature à unir.

Si à la folie il m'est demandé de vous aimer,
Oui je le ferai volontiers et sans hésiter,
Pour que notre histoire ne tombe à jamais dans les oubliettes,

Comme celle du fameux Roméo et la charmante
Juliette.

Il n'y a malheureusement pas d'amour sans
obstacles,
On ne peut prétendre le gagner en consultant
l'oracle,
Car on ne l'obtient qu'à l'issu de grandes batailles.
Et il demeure une grande fierté de voir son amour
briser les murailles.

Je vous ai aimé hier moins qu'aujourd'hui.
Et je vous aimerai sans doute beaucoup plus
lorsqu'il sera minuit.
C'est la preuve de l'accroissement de l'amour,
Rejoignez-moi et célébrons-le avec glamour.

Gambaland

À des milliers de kilomètres du bon vivre
Réside et règne l'écart standardisé
Un lieu dans lequel l'abondance côtoie la misère
Où le beau convoite le laid
Où les estomacs vides et en colères
Se remplissent de doux petits mots
Où la sémantique et la stylistique
Ensemble découvrent leur chemin d'or
Où avec de belles boulettes de caoutchouc
Les corps habillés dans leurs beaux vêtements
Accueillent des milliers de crevettes désemparées
Qui sous une pluie artificielle narrent leurs peines
Soyez les Bienvenus à Rio dos Camaroes
Ici le ciel et la terre se donnent rendez-vous
Le paradis déporté en terre ferme
Le tout en un seul et si petit
L'Afrique en miniature
La curiosité des curiosités
Ici les discours au rythme de la danse Bafia
Germent dans la bouche des vieux politiciens
modernes
Et se heurtent inlassablement à la grandissime
misère du peuple
Cette calamité qui n'a pour parfait remède qu'une
seule expression

Le tout puissant guérisseur de tous les maux le
vivre ensemble
Vivre ensemble matin vivre ensemble midi vivre
ensemble soir
Devenu la formule médicale un comprimé fois trois
Devise d'une vielle ventrocratie oligarchique
Dans laquelle se perdent les âmes cultes
Qui décorent l'idolâtrie au lieu du vilipendement
Respectueuses soumises et craintives
Réduites en âmes dociles et manipulées
Ici la parole n'est pas la propriété du peuple
Plusieurs intellectuels se convertissent en
intellectueurs
Se divisant en deux groupes mortifères
L'un tue par la masturbation intellectuelle
L'autre corrompu perd sa langue
Ils ont en commun la déviation et les privilèges
Internée, la masse paie le prix et suffoque

Cette nuit du 21

Quand le mois de juillet présenta le revers
Et qu'août fit un fastueux sourire
Sur un mi de Mozart deux cœurs s'emballèrent
Juste à la troisième octave de Beethoven
Ces chastes jolis cœurs prirent feu
Deux âmes sœurs pénétrèrent la septième
dimension
Elles venaient de violer le fameux décalogue
Deux êtres au service de l'amour
Deux artisans de l'amour
Deux corps in naturalibus étendus sur un matelas
Deux âmes pécheresses qui n'écoutaient que la
voix de l'éros
Un jour inoubliable duquel est né plus tard le plus
inoubliable
Quand les douze lunes qui forment une année
rendirent l'âme
La nouvelle année fut secouée par une pandémie
venue d'Asie
La cinquième lune sur le point de céder place à la
sixième
Vint le jour tant attendu et tant préparé
Ma jolie fleur ouvrit tout doucement son pétale
La douleur adoucie par le film de cette soirée des
interdits

Les pleurent rimèrent avec les cris de joie
Un amour conçu dans les règles de l'art
Mon amour venait de nous offrir un autre
Notre amour venait de subir une flexion numérique
Larmes de joie et cris victorieux
Les yeux rivés vers le ciel
Nous venions d'avoir notre miracle
La jolie petite Hilda

Un genre bizarre

Il apparaît on ne sait d'où.
Des origines diverses et contradictoires,
Des thèses et des antithèses il en fabrique.
Une religieuse et l'autre scientifique ;
C'est peut-être et sans doute le point de départ de la
division.

Ils prétendent tout expliquer bien qu'incapables de
se comprendre.
Sans unanimité sur leurs origines ils veulent tout
contrôler.
Les uns disent être les fruits du Grand Créateur,
Qu'il créa l'un puis l'autre pour l'accompagner.
Les autres s'affirment descendants d'un autre
genre.

Que le temps eut raison sur eux :
l'australopithèque, Lucy, l'Homo habilis
L'Homo erectus, l'Homo neanderthalensis et
l'Homo sapiens.
L'ancêtre quadrupède, les descendants bipèdes à
quatre membranes.
Voici venu le genre qui défia le Grand Créateur, la
désobéissante créature.
Tous s'accordent sur cette qualité récidive de leur
nature.

Les uns mangèrent le fruit prohibé et savourèrent
les délices,
Les autres pour montrer leur supériorité marchèrent
sur deux membranes.
Puis l'un inventa un moyen de communiquer et
l'autre fit pareil.
Une, deux, trois, quatre, dix, cent, mille langues et
plus ;
Puis ils se mirent à produire des cacophonies.

Ensuite vinrent les couleurs : noire, blanche, jaune,
rouge.
De ces couleurs vinrent beaucoup d'autres et ils les
nommèrent.
En fin ils prirent l'initiative de tout modifier y
compris la nature ;
Les sciences virent le jour : l'anthropologie, la
biologie, la linguistique, l'histoire.
Il y eut des progrès scientifiques et techniques, et
plus tard la technologie.

Jaloux de la rapidité de leurs ancêtres et de leurs
frères quadrupèdes,
Ils inventèrent des moyens de locomotion : vélo,
moto, voiture, bateau.
Les uns sentirent l'envie de mieux utiliser leurs
grands bateaux,

Et l'idée d'exploiter les autres naquit et ils
l'appelèrent Traite esclavagiste.
Ils virent les oiseaux dans le ciel, envieux, ils
créèrent leur grand oiseau.

Ils inventèrent des idéologies : communisme,
nazisme, fascisme, socialisme.
Un jour ils eurent envie de tester leur niveau de
technologie,
Et le lendemain ils déclenchèrent ce qu'ils
appelèrent Guerre.
Peut-être ce fut un moyen de diminuer leur si grand
nombre.
Ils ne s'arrêtèrent pas seulement à s'autodétruire
mais ils impliquèrent les autres.

Leurs envies bizarres devinrent de plus en plus
considérables,
Ils eurent l'ingénieuse idée de manger d'autres
espèces dites inférieures :
Porcs, poulets et poissons braisés, émincés de
bœuf, rôti de singe.
Les plus ingénieux décidèrent de manger l'espèce
qui serait la source de leur savoir ;
Alors ils firent la soupe au serpent, le serpent grillé,
fait au four, à la vapeur.

Ceux qu'ils ne purent manger, ils exploitèrent leurs
peaux, leurs dents et leurs os ;
Ils fabriquèrent des choses fantasques qu'ils
nommèrent vêtements.
Même ceux qu'ils appelèrent végétaux ne furent
pas épargnés,
Alors ils sentirent l'envie de dormir sur ce qu'ils
appelèrent communément lit ;
Et les grands arbres aux appellations bizarres
tombèrent.

Ils décidèrent de fabriquer des choses tout aussi
bizarres qu'eux :
Les tables, les chaises, les armoires, les étagères et
même le sol en bois.
Puis un jour ils se rendirent compte que l'air est
usé,
Pour se racheter ils fabriquèrent l'air artificiel.
Plus tard, conscients de leur grande faiblesse, ils
créèrent des machines.

Ils commencèrent à s'auto-dévaluer, à s'auto-
dénigrer, à s'auto-haïr.
Ils décidèrent de mettre leurs cerveaux dans une
machine dite très intelligente ;
Ils appelèrent cet outil ordinateur et ce grand
cerveau processeur.

Un jour l'un tomba malade, l'autre mourut et
plusieurs s'interrogèrent ;
Les experts en ce qu'ils nommèrent biologie dirent
que l'air pollué fut la cause.

Ils commencèrent avec des campagnes de
protection de l'environnement.
Encore une attitude bizarre de l'espèce qui brave
aux yeux des autres sa différence.
Il parait que les premiers experts en leurs sciences
firent une très grande découverte ;
Disent-ils : la raison est ce qui les différencie des
autres espèces.
Aujourd'hui ils brandissent cela comme le trophée
de la coupe du monde 98.

En attendant de voir un lion tuer un lion,
Une panthère dévorer une panthère,
Assistons au bal masqué des humains,
Où la déraison à la raison vole la vedette.

Hiver agité

Matin de brume très loin de ma terre
Il fait moins neuf degré à l'extérieur
Quarante-neuf de plus dans mon intérieur
Face à la nature mon corps est réfractaire

Comme un soleil aux rayons frappants
Mon âme comme du papier se consume
La faute au cœur mais tout le reste assume
Pauvre esprit en captivité et hallucinant

Depuis la fenêtre j'observe le beau paysage
Le goût salé des larmes qui caressent mes joues
Quand les illusions me font voir son joli visage
Il ne me reste plus que les souvenirs de ces beaux
jours

L'automne a emporté avec elle nos baisers
parfumés
Nos âmes qui chantonnant s'enivraient de bonheur
Émerveillées par nos câlins riches en douceur
Cette forte habitude qui laisse mes lèvres écumées

Solitaire je regarde tout au long de la rive
Je cherche en vain son parfum au milieu de la foule
Cette senteur aux vertus curatives
Pour mon âme qui vermoule

Comme l'éclipse ma Émilie s'en est allée
Laissant nos âmes désobéissantes dans la prairie
Les fleurs ont fané et mon imagination a tari
Ma raison et mon âme à leur tour abalées

Mon cœur agonisant accueille malheur
Pour ce contrat sans clauses signé entre nous
Et qu'en un triste jour elle dénoue
Me submergeant dans un océan de douleur

Elle est la cime suprême de l'admiration
Et moi l'heureux prisonnier de ses désirs charnels
Comment pourrais-je m'en passer du péché
originel
Quand pour moi ses pulsions sont des
commisérations

Toujours amadoué par son regard
Ses lèvres me mettent en émoi
Prenant le dessus sur mon surmoi
Au moindre de ses gestes tout égard

C'est sans doute mon dernier hiver
Mon cœur ne sera pas bercé par le vent du
printemps
Elle restera à tout jamais mon amour de tous les
temps
Ma Émilie qui emporta mon cœur en début d'hiver

L'assassin

Conscient de l'acte à bout portant j'ai tiré
À coup de hache j'ai brisé l'éternelle ambiance
Toute la plèbe crie haro sur l'assassin
Au sommet tous me regardent avec dédain
Trahi et arrêté par le fer de lance de la nation
Je suis livré au jeune gendarme diplômé
Qui sans discernement obéit au vieux juge
Accusé de meurtre avec préméditation
Je suis au tribunal de la pensée
Présenté comme la misère des misères
J'ai commis un crime contre l'humanité
À coup d'épée j'ai brisé le silence
Le bruit est d'or quand la parole trébuche
Dans un environnement d'injustice
Puisque le silence est complice et adhésion
Je suis condamné pour l'assassinat de l'ignorance
Dans l'ignorance le peuple célèbre ma condamnation
Dans l'ignorance Il organise le meurtre de la raison
Je ne suis guère un révolutionnaire
Mon seul adversaire fut l'ignorance
Mais comment leur faire comprendre
Comme le fils de l'homme elle ressuscitera
Au milieu de cette jeunesse divisée
Elle redeviendra la bien-aimée
L'ignorance

L'ambition

La prochaine lune s'annonçant, un nouveau soleil
parut.
Embryonnaire et encore dans cette mémoire en
ébullition.
Un soleil encore voilé, prêt à naître prématuré, par
césarienne.
Forcé par les intempéries qui sévissent au berceau
de nos ancêtres,
Une nouvelle vie sonne à l'horizon.

À l'aube je commencerai à consommer du chemin
sans monture ni provision.
J'ai mis la haine au placard, j'ai oublié l'histoire
des chaînes.
Je lèverai les voiles comme le faisaient les grands
seigneurs de la civilisation.
Mais il y'aura point d'amarre, point de barre
franche point de capitaine.
Dans ma bouche la langue des seigneurs dans un
processus d'enfumage.

Je ne passerai guère de visite médicale.
Je n'irai pas cagoulé ni les chaînes aux pieds.
Je ne partirai pas de l'île de Gorée.
Je ne séjournerai par à Bahia et non plus à
Matanzas.

Le sable du désert brûlera mes pieds,

L'eau salée de l'océan les refroidira.
Je quitterai ma terre sans contrainte morale.
Mais à cause d'un panaché de contraintes sociales,
Qui obscurcit le brillant avenir d'une terre jadis
prospère;
Toujours debout malgré les actions des nouveaux
seigneurs.

Je pars chez ces grands seigneurs de la civilisation.
Comme ces milliers de concitoyens qui cherchent
d'issues,
Qui fuient cette terre en proie aux politiques
exécrables.
Comme ces milliers de gamins, je suis leur proie.
Je ne pars pas mais je fuis.

Les nouveaux seigneurs choisis,
La contrainte physique,
La contrainte sociale,
La contrainte économique,
L'esprit en divagation.
Je me jette dans la gueule du loup

Coupable

Dans ma couche une larme mouille et refroidit sa
joue
Elle a découvert que notre histoire était tout sauf
l'amour
Quand toute tremblante son âme nue me dévorait
Et moi comme un astronaute je voyageais

La nudité de son âme n'a pu habiller mon cœur
La saveur d'une larme peut-elle adoucir une telle
clameur
Pendant l'éros je m'absorbe dans un désir
Je pense à elle et elle me prive de plaisir

Dans ma couche une larme mouille et refroidit sa
joue
Quand nous répondions à l'appel de l'amour
Elle a découvert qu'une autre habite mon cœur
Et comme une fleur en saison sèche elle se meurt

Avec la haine elle compte effacer ses peines
Or l'amour est plus fort que les chaînes
Elle est capable de la mettre hors de chez-moi
Cette peur d'aimer qui me met en émoi

Deux cœurs battant à l'unisson
Annoncent une célébration

La victoire de l'amour sur cette douleur
Aromatisée aux mauvaises senteurs

À nouveau disposé à aimer
Mon dévolu sur elle jeté
Sa poitrine ma demeure
Je romps avec cette peur

L'amour ici et là-bas

L'un dessine l'amour sans attention mais avec
beaucoup de billets.
Donner du temps en plus des billets de banque
c'est être à ses pieds.
Elle le peint avec une infime particule d'attention
mais beaucoup de sexe.
À chaque violation du décalogue elle reçoit
quelques billets mais se vexe.

L'autre par contre le représente avec plus
d'attention et de cadeaux mais pas de blé.
Elle aussi le fabrique avec beaucoup de rose et un
peu de surprises pour être comblée.
Elle veut être l'épicentre de la vie de celui pour qui
son cœur fleurit.
Mais lui, Il veut un peu d'espace et de temps pour
penser l'avenir.

La première désire une histoire d'amour peinte à la
telenovela,
Cadeaux, restaurants, voyages, shopping et habiter
une villa.
Elle aime le bon vivre suivi d'un amour fou pour la
tune.
Mais c'est toujours elle qui veut qu'on lui offre la
lune.

La deuxième a un amour un peu instable,
La date de péremption est inexplicable.
Elle aime les balades dans les bois et montagnes,
Son bonheur atteint son paroxysme quand il
l'accompagne.

Le premier parle moins même pour dire je t'aime.
Mais son amour est très vrai tout de même.
Chez lui, des mots suaves ne pleuvent pas à
perpétuité,
Sa grande peur c'est de dire en tout lieu, peut-être
une qualité.

Le deuxième produit soixante je t'aime par heure.
Les baisers pleuvent dans la rue pour faire honneur.
L'amour se vit en tout lieu et à chaque instant.
Au bout de compte y a l'un chez l'autre pourtant.

Le pouvoir

Il créa l'espèce la moins réussie puis l'observa et
vit des imperfections
Lui vint alors l'idée de corriger son œuvre et il
reprit ses instruments
Mais à cet instant il eut une idée plus ingénieuse
que le perfectionnement
À la place de la correction il opta pour une
nouvelle création

Il se rendit à l'évidence qu'il lui faudrait un
régulateur des agissements
Il observa à nouveau la créature et la plongea dans
un profond sommeil
Il prit l'argile de l'eau de l'eau de vie et se mit à
créer une merveille
Il mit de la beauté de la douceur de l'intelligence et
des sentiments

Il prit tout le temps nécessaire pour la polir et
repolir encore et encore
À la différence de la première il prit des jours des
semaines et des mois
Puis vint le grand jour qu'il décida de lui mettre
une âme pure et la foi
Enfin il sourit se réjouissant de son œuvre après ce
dernier décor

Ils dialoguèrent des heures durant et il lui confia le
contrôle de l'univers
Il réveilla l'imparfaite et imperfectible créature et
fit les présentations
La pauvre créature vit la merveille et plongea dans
les hallucinations
Le potier leur ordonna de cheminer ensemble
malgré les travers

La jolie créature avec tous les pouvoirs conférés
prit des initiatives
Amadouée par ses qualités tant physiques que
morales l'imparfaite obéit
Le ciel s'obscurcit le potier s'inquiéta le bon
malheur venait de fleurir
La merveilleuse créature devint mère de l'humanité
en une tentative

De ses entrailles de milliers de générations virent
le jour
Par son regard elle dompte toute autre espèce
Elle donne du sourire avec une caresse
Elle est là aujourd'hui et pour toujours

Sa bouche étouffe son cœur
Mais ses yeux la trahissent
Devant elle les tyrans fléchissent
Elle est à la fois pouvoir et bonheur

Le bruit du silence

Janvier est de nouveau présent
Et les vœux à grosses gouttes pleuvent
Un à un tous attendent des présents
Notre père et les anges aux cieux s'émeuvent
Embabouinés par ceux qui attendent
Snobés par ceux qui s'éternisent
Seuls estimés ayant droit du monde
Et la misère ambiante se pérennise
En aval la jeunesse de désespoir s'enivre
Nul ne peut se prévaloir de sa propre turpitude
L'espoir est au bout d'innombrables bonnes
manœuvres
Amorphe est l'état de celui qui ne vise pas en
altitude
Rien de beau ne vient à soi
Même les Cieux ont vu le tort
Et il faut faire revivre l'espoir
Seul l'effort fait le fort

Souvenir

Le crépuscule ce jour parait très séduisant
Mon âme et mon cœur pour une fois en harmonie
Je voyage à travers les notes d'une belle symphonie
Je crée les paroles et je les pose en agençant

Les oiseaux m'appellent et la mer me régale un
sourire
L'homme sort contempler les merveilles de la
nature
Imaginative est ma mémoire et aspirant est ce cœur
immature
Qui dans une âme saine font des images fleurir

Au bord de la mer plusieurs variétés de fleurs
Des artificielles des reteintées et des naturelles
Des blondes des brunes des rousses des noires
toutes belles
D'innombrables beautés qui font chavirer
l'innocent cœur

Le ciel pleure et ses larmes au corps comme des
lames
Tous à l'abri y compris ceux qui se raffolent du
liquide de mer
Nos regards se croisent et en moi quelque chose
d'étrange naît

Elle a de la branche j'ai la bouche en cœur alors
éclate un wargame

Toute sereine elle me parle d'une voix mélodieuse
Inondation de sourire née d'une pluie d'échanges
Mon corps inhabitué tout dans ma tête se mélange
De peur de plomber l'ambiance mes réponses sont
compendieuses

La nuit arrive à grande enjambée sûrement les
parents s'interrogent
Une feuille de taro sur nos têtes ainsi nous
dévorons le chemin
Le ciel ne cesse de gronder et je la rassure main
dans la main
Grelottant je mime son prénom je rêve et je déroge

Elle m'indique la voie et sa voix meurt dans mon
oreille
Comme un chant mélodieux du chardonneret
enchanteur
Qui me berce dans mon sommeil et enjolive ces
heures
Elle est certainement et sans ambages la huitième
merveille

Stationnés à quelques mètres de leur maison
Personne ne veut se séparer de l'autre

Personne ne sait comment dire au-revoir à l'autre
Je dessine dans sa main sans raison

Nous grelottons mais pas seulement de froid
Nous nous regardons puis baissons le regard
La première vraie sensation que m'offre le hasard
Une lueur apparaît le chien aboie

Elle me demande de fermer les yeux
Et elle dépose un doux papillon sur mes lèvres
Mon premier baiser classique et non mièvre
À 14 ans l'innocent cœur est devenu ambitieux

Si j'avais

Si j'avais le pouvoir je libérerais le peuple,
De ceux qui dilapident leur argent, ces gens qui les
chosifient.
Je construirais des orphelinats pour ces enfants qui
bondent les rues,
Ces enfants abandonnés à leur propre sort.
Si j'avais le pouvoir, je donnerais de bons époux à
toutes ces femmes battues.
Je décorerais ces femmes célibataires qui éduquent
toutes seules leurs enfants.
Je punirais les parents de ces enfants battus qui
deviendront des pères violents,
Ces filles qui pour l'amour d'un homme
chiffonnent leurs tendres mamans.
Je payerais la scolarité de ces enfants dont les pères
ont opté pour l'ivresse,
Ces enfants dont les parents retraités n'ont pas de
pension de retraite.
Si j'avais le pouvoir je créerais une zone de libre
échange en Afrique,
Une monnaie commune aux différentes zones
d'Afrique.
Si j'avais le pouvoir je payerais les travailleurs à
temps,

Pour leur permettre de payer la scolarité de leurs
enfants à temps.
Je régulariserais les programmes de télévision pour
éviter la dépravation des mœurs,
Je ferais des reformes éducatives et
administratives.
Si j'avais le pouvoir je veillerais sur le
développement de l'Afrique,
Je remplacerais ces pistes par des routes et
autoroutes.
Je construirais de grands hôpitaux et des grandes
écoles.
Je construirais des grands hôtels afin de réduire
l'immigration des présidents.
Si j'avais le pouvoir j'organiserais un dîner entre
les présidents du monde,
Le président américain et le président nord-coréen
interpréteraient une chanson russe.
J'arrêterais la fabrication des armes et de tous les
équipements de guerre.
Si j'avais le pouvoir, aux infidèles, j'enlèverais
leurs sexes,
J'enseignerais l'amour du prochain et non la lutte
d'intérêts.
Je changerais le monde,
Le monde n'existerait pas,
Je ne serais pas là.

Fleur fanée

Dans un pré, une rose à moitié morte.
Toute pâle, elle a besoin d'une main forte,
À bien des égards elle parait moins belle;
Mais en moi elle ouvrit une brèche cette bagatelle.

Elle croupissait, subissant le poids de la pluie et du
soleil,
Seule dans son environnement elle dépareille.
L'unique pivoine au milieu des lamiers,
Séduit par sa presque perdue beauté, je décidai
l'emporter.

Je l'amenai dans mon jardin vierge plein de bonnes
attentions,
Et je la traitai avec beaucoup d'amour, affection et
passion.
Mon cœur désert et infertile en sa présence reprit
vie,
De tendresse et de soin ma jolie fleur fut nourrie.

Je l'arrosai de mes larmes au début,
Puis elle devint pour moi un rébus.
Plus le temps s'écoulait plus elle récupérait sa
clarté.
Un beau matin elle m'enivra de par sa beauté.

Elle me raconta son incroyable histoire,
Puis fit un sourire narquois.
Comme toutes les fleurs elle avait besoin des soins,
Mais demeurait dans un éternel besoin.

L'or n'a guère de valeur entre les mains d'un
insensé,
Car il a tout hormis la raison et la bonne pensée.
Mais étant l'unique fleur de mon jardin elle eut
toute la douceur,
Et aujourd'hui nous savourons notre bonheur.

Désire

Mon âme désire ta personne,
Que ta beauté façonne.
Dans tes yeux je veux me mirer,
Pour que le goût à la vie ne soit arraché.

Voyage

Guy Martial Mefeun'ya

Même sein

- Moussa! Termine rapidement ton plat de taro, sinon une bonne punition t'attend

- Mais maman, nous ne connaissons pas cette nourriture chez nous à Buéa

- Tais-toi vite et mange. Tu veux dire que ton ami Abega mange le eru parce qu'il est de Maroua ? Il est pourtant de Ngaoundéré. Regarde aussi Waffo, il est de Garoua mais mange bien le mbol de Bamenda

- Que signifie tout ceci maman ? Chacun ne doit-il pas privilégier sa tribu!?

- Incroyable ! Qui t'a mis ça dans la tête ?

- Mais maman...

- La ferme! Tu es de l'Afrique en miniature point barre.

- Que ce soit au Nord, au Sud, à l'Est ou à l'Ouest, tu es partout chez toi

- Mais maman je n'aime pas les...

- Assez! A compter de ce jour tu passeras chaque week-end chez nos frères des autres tribus

Jusqu'à ce que tu changes

- D'accord maman

- Tu dois comprendre que nous sommes les enfants d'une même mère et on doit de ce fait s'entre-aimer

Rose épinée

Telle une fleur tu embellissais ma vie
Ta seule présence aiguisait mes envies
Tu étais cette beauté féminine typiquement
africaine
Tu suscitais en moi tous sentiments hormis la haine

J'étais prêt à tout pour combler tes désirs
Te servir était pour moi un plaisir
Plus rien n'avait d'importance en dehors de toi
Mon vœu était de t'avoir sous mon toit

Mais un beau jour ce rêve se brisa
Ce que j'appris me chamboula
Tu me fis comprendre que tu ne seras jamais à moi
Car tu avais déjà quelqu'un et qui n'était pas moi

Mon cœur s'arrêta un instant de battre
J'avais l'impression d'être coincé dans un antre
Incapable de définir le sentiment qui m'animait
Je crus un instant qu'en moi un feu s'allumait

Ta beauté était l'opposée de ton comportement
Pourquoi m'avoir nourri d'espoir tout ce temps
Est-ce permis de jouer autant avec le cœur d'autrui
Ne peut-on pas qualifier cela de mépris

J'ai dû faire face à cette réalité
Malgré que je fus dévasté
Il fallait tout de même aller de l'avant
Car l'amour est parfois décevant

Amour interdit

Tic toc
Tic toc
De petits cailloux je jette sur leur toit
J'espère que personne ne me voit

Va-t-elle décoder le message
Si oui je serai aux anges
Et si sortait plutôt son père
Il me ferait vivre un enfer

Je prends tout de même le risque
Aimer comporte souvent des risques
Son père est un foutu Richard
Je ne suis qu'un pauvrard

Hors de question qu'elle se mette avec un prolétaire
Avons-nous choisi notre situation sur cette terre
La fortune fait-elle la qualité de l'homme
Être pauvre est-il devenu un crime

Le débrouillard

Le coq n'a pas encore chanté mais il est déjà debout
Il n'a pas le choix les problèmes n'attendent pas
De toute façon il faut bien joindre les deux bouts
Sauf s'il veut périr comme un cancrelat

Conscient que la manne ne tombera pas du ciel,
Il se bat mais le résultat est encore invisible
Alors qu'il souhaite aussi goûter au miel
Il pense parfois que c'est mission impossible

Se demandant parfois pourquoi lui
Sa croix semble de plus en plus difficile à porter
Il est à bout de souffle à chaque tombée de la nuit
Souvent dépité, abattu, découragé

Le salut semble hors d'atteinte
Il regarde ce que sont devenus ses amis
Et souhaiterait être comme eux en fin de compte
Qu'en sera-t-il de lui au final dans cette vie?

Abandonner n'est pas pour lui une option
Il a la conviction qu'un jour ça changera
Effectuant tout boulot lui permettant d'avoir sa
ration
Malgré que certains le traitent de rat

Les difficultés sont grandes mais sa détermination
l'est encore plus
L'objectif n'est jamais perdu de vue
L'espoir est son carburant, que dire de plus
Au final il faudrait qu'il ait donné tout ce qu'il
aurait pu

Confiant, persévérant, optimiste malgré tout
La vie lui réserve certainement quelque chose de
mieux
Il faut être endurant cela en vaut le coup
Ne pas laisser tomber avant que la délivrance ait
lieu

La situation actuelle n'est certes pas enviable
Vu ce qu'il traverse chaque jour
Mais demain sera à coup sûr plus vivable
Entre-temps il faut donc rester debout

Éternellement

Des années se sont écoulées mais le souvenir reste
intact
Des années sont passées mais la douleur reste
fraîche
Il y a longtemps que tu es parti mais tu es toujours
là
D'où sortait cette faucheuse appelée la mort?
Ce jour elle ne t'a laissé aucune chance
Ton départ aussi brusque que soudain nous a laissé
sans voix
Sur mon lit de maladie tout d'un coup je guéris
L'annonce de ta mort soigna en une seconde
Un mal que les médicaments tardaient à guérir
Tellement le choc fût énorme
Ce 16 avril 2010 tu nous quittais
Avec ton sourire légendaire qui jamais ne te quittait
Où vas-tu ainsi laissant ta maman
Que fais-tu de tous nos projets entamés
Le temps est remède à tout dit-on souvent
Je pense que cela ne s'applique pas à toi
Dans nos cœurs tu es et resteras éternellement

Stop NOSO war

Bien avant toi ce fut le septentrion
Avec aussi son lot de morts
Mais là-bas au moins l'ennemi était étranger
Ce n'est plus le cas à présent
Telle une truie qui dévore ses petits
Aujourd'hui tes propres enfants tu tues
Maudite crise anglophone
Qui paralyse tout le pays
Et en face une hypocrisie francophone
On fait semblant de vouloir aider
Donnant du para à un cancéreux
En lui demandant d'être pieux
Mon cœur saigne face à tous ces morts
Il n'est même plus possible de les dénombrer
Le pays perd de vaillants enfants
Qui lui auraient été certainement utiles quelque
part
Laissant derrière eux des familles inconsolables
A côté nous avons tous ces déplacés
Autant externes qu'internes
Dieu seul sait dans quelles conditions ils vivent
Peut-on réellement dire qu'ils vivent !?
Je crois plutôt qu'ils survivent
Avoir un bout de pain journalier est pour eux un
exploit

Tout ça ne semble pas émouvoir les dirigeants
À quel moment sommes-nous devenus autant
insensibles
Face à la douleur de nos semblables?
Quand sommes-nous devenus aussi indifférents
face à la souffrance d'autrui
La mort est-elle devenue à ce point banal?
La dignité humaine n'a-t-elle plus de sens?
Je pense qu'il est temps de s'arrêter un instant
De nous regarder en face, faire un examen de
conscience
Et de décider ensemble de ce que nous voulons
pour notre pays
Car en réalité, nous sommes tous coupables
Chacun à son niveau

Who am i?

Tu arbores fièrement ta veste-costume-cravate
En lieux et place de nos pagnes et boubous locaux
Je te salue en langue maternelle
Tu me réponds en langue étrangère
Et tu t'en enorgueillis même en plus
Tu dis ne rien comprendre de tout ce que je raconte
Cela s'apparente pour toi au charabia
Notre mère te sert un plat de taro
Tu utilises la cuillère pour le manger
Cela est pourtant perçu comme un sacrilège
Dans nos mœurs et coutumes
Mais tu t'en fous éperdument
Je t'invite à verser de l'huile
Sur le crâne de notre défunt père
Tu me dis de choisir autre personne
Pour mes pratiques occultes
Rendre hommage à nos aïeux
Relève pour toi de la folie
Qu'est tu devenu frère ?
 Tu n'étais pas ainsi
Quand tu quittais notre Bamougoum natal
Jadis fervent défenseur de notre tradition
Tu fais aujourd'hui partie de ses bourreaux
La civilisation occidentale t'a désormais déboussolé
Je ne te reconnais plus

Mais en fait est ce que toi-même tu te connais
encore?
Acculturé comme tu es à présent

Reprends toi Cameroun

Qu'es-tu devenu Cameroun ?
Grand pays jadis prospère
Qu'es-tu devenu Cameroun ?
Toi qui faisais la fierté de l'Afrique hier

Qu'es-tu devenu Afrique en miniature?
Avec toutes ces ressources naturelles
Qu'es-tu devenu pays de Manga Bell?
Dans le passé tu avais fière allure

Tu n'es désormais que l'ombre de toi même
Passé de pays à revenu intermédiaire
À pays pauvre très endetté
Ahidjo se retournerait dans sa tombe
Au vu du visage que tu présentes aujourd'hui
La corruption est érigée en mode de gouvernance
La méritocratie a foutu le camp
Le tribalisme d'État est instauré

Certains pensent avoir le titre foncier du pays
Le copinage, les relations font loi
Tous les secteurs sont en décrépitude

Tout le monde connaît où est la solution
Mais personne n'ose s'y aventurer
D'aucuns par peur
D'autres par égoïsme

Car c'est la précarité actuelle de la grande masse
qui les nourrit
Les plus téméraires sont jetés au trou; allô
Maurice!
Tout va bien Mamadou? Salue-moi Bibou
Ou alors poussés à l'exil; comment va l'Occident
Claude?
Dis au général que je l'appelle bientôt
Des politiques avides de gains
Avec une élite complice
On fait tout sauf ce qu'il faut réellement
Et on se plaint de l'absence de résultats

Peut-on planter un papayer et espérer avoir des
avocats ?
Soit ils sont de mauvaise foi ou alors ils sont fous
Un pays rendu prospère par des "illettrés"
Mais foutu en lambeau par des "agrégés"
Je te regarde et j'ai honte
Auparavant tu étais la locomotive de la sous-région
Aujourd'hui tu es la risée de la région

Je me lève ce matin et je fais cette peinture
Peut-être changera-t-elle quelque chose
Peut-être pas
J'aurais au moins essayé

A ma mère

Femme capable, femme de valeur
Tenace, téméraire, endurante
Courageuse et forte
Perle de la chute de la méché

Je te décerne le prix Nobel de la combativité
Toujours prête à se sacrifier pour ses enfants
Que serai-je sans toi maman ?
Je n'ose pas l'imaginer

A tes yeux nous ne sommes jamais grands
Tu voles toujours à notre secours
Tu t'es battue corps et âme pour que je réussisse
Je te dis aujourd'hui "merci"

Retrouve en ce petit mot ma reconnaissance
Car tous les mots ne suffiraient pas
Pour t'exprimer ma gratitude

Je t'aime maman
Et je loue le Seigneur pour la grâce qu'il m'accorde
De t'avoir encore auprès de moi aujourd'hui
Je le prie également de t'accorder longue vie
Afin que tu jouisses des fruits de mon labeur
Qui est aussi le tien
Thank you for all mum

Le migrant

Obligé de prendre la route
Une route vers l'inconnu
Dans sa tête il n'a aucun doute
L'Europe est l'Eldorado il en est convaincu

Pour cela il est prêt à affronter vagues mer et océan
Son pays n'a plus rien d'attrayant
Autant aller voir ailleurs
Là-bas tout est meilleur

Il s'en va sans dire au revoir
Laissant derrière parents, amis et enfants
N'étant pourtant pas sûr de les revoir
Il fredonne quand même quelques chants

En route le bonheur c'est devant
Seul Dieu sait pourtant ce qui l'attend

Aimérence

À toi en ce moment je pense
Mon amour pour toi me brûle le cœur
J'ai l'impression qu'en moi des démons dansent
Que faire pour chasser ce sentiment de mon cœur

Tu es le parfait spécimen de la perfection
Comment un seul être peut regorger autant de
beautés
Quand je te vois mon corps se met en action
Puisque je deviens tout excité

Tu es un graal dont rêvent tous les hommes
Où puiser le courage pour te déclarer ma flamme
Je te regarde et souris tel un imbécile
L'amour à sens unique n'est pas vraiment facile

Si seulement ce sentiment pouvait être réciproque
Je fais toujours pipi dans mon froc
Chaque fois que je veux t'en parler
Autant mieux laisser tomber

Tu m'offres l'amitié alors que je veux l'amour
Tout ça est pour moi si dur mon amour
Je l'accepte malgré tout
Au risque de perdre tout

Où es-tu?

Je suis aujourd'hui à genoux et je ne te vois pas
Je suis au bord du gouffre et je ne te vois pas
La vie me montre des couleurs et je ne te vois pas
J'ai pourtant toujours été là pour toi
Chaque fois que tu étais dans le besoin
Tu avais promis de faire pareil
Aujourd'hui que c'est le cas tu es absent
Non par incapacité mais par manque de volonté
Est-ce donc ça l'amitié
Tu étais comme un frère
Merci de me faire découvrir ton véritable visage
Je suis vraiment déçu mais ça ira
J'irai de l'avant tant que je respire
La vie ne fait pas de cadeau
À nous de rester braves et forts
Car la taille des difficultés est proportionnelle à la
taille du bonheur
Qu'on ressent après la réussite

Responsabilité

Il y a longtemps qu'elle est devenue femme
Mais elle n'a jamais gouté au fruit défendu
Penser à cela la rend tendue
Car elle se croit moins femme

Elle veut essayer mais hésite encore
Toutes ses amies l'ont déjà fait
Et s'en vantent chaque jour encore et encore
De ce qu'elles ressentent comme effet

C'est décidé elle va passer à l'action
Afin de pouvoir aussi raconter
Cette aventure tel un conte de fée
Même si c'est interdit par sa religion

Ça n'a pas été si mal
Malgré qu'elle ait eu un peu mal
Elle va certainement le refaire
Car elle se sent dorénavant mâture

Un mois plus tard elle ne voit pas ses règles
Aucune crainte tout va rentrer en règle
Malheureusement tel ne fût pas le cas
Elle est désormais dans un tracas

Voilà que toutes ses amies la laissent tomber
Elle pense alors avorter
Mais finalement se rétracte
Elle compte assumer ses actes

Neuf mois plus tard le petit est né
Il est beau on dirait une orchidée
Elle en est tellement fière
Elle fera tout pour être pour lui une bonne mère

Quête d'identité

Aimerik Seutchie Leudjeu

L'adieu

La vie est comme le jour et la nuit
La pluie et le beau temps
Chacun s'y abreuve et puis
Profite au maximum de temps

Ce temps parfois si bref
Mais surtout inoubliable
Ce temps souvent non bref
Mais oubliable

Qu'auras-tu laissé comme trace
Tout sauf de la crasse
Tel un soldat notre vie n'a été qu'une mission
Dans ce monde de fiction

J'ouvre à nouveau ce cahier de larmes
Où coulent les flots de mon âme
Les souvenirs de l'amour dont j'avais besoin
Mais que je n'ai pu prendre soin

Je regretterai certainement de t'avoir quitté
Mais plus la plaie est profonde plus elle dure pour
panser
Plus que moi je pensais à toi
Ne voulant pas que tu souffres dans mon toit

Car mon cœur n'a jamais rythmé à ta fréquence
J'ai même remué ciel et terre pour changer de
fréquences
Mais ni la deuxième, ni la troisième jusqu'à la
sixième n'appréciait ta valeur
Même s'il sait qu'avec toi il avait brisé ses
malheurs

Tu as tout ce qu'un homme recherche
Mais tu n'as pas ce que mon cœur recherche
Certes les miens t'aimaient
Mais moi je te respectais

Et tu mérites mieux que ma discordance
Tu mérites un amour dense
Quelqu'un qui te donnera une stabilité
Qui valorisera tes multiples qualités

Mon cœur saigne à l'idée de te le dire
Et ma conscience ne voudrait pas t'abâtardir
Je t'aime mais adieu
Je prierai pour que tu me sois miséricordieuse

Hommage

Quand nous avons mal
Elle est douceur
Quand nous abandonnons
Elle se fait lionne

Jamais elle ne ménage aucun effort
Pour que nous soyons forts
Mille mots ne pourraient combler ses maux
Mais de son amour nous sommes tourtereaux

Parfois nous nous faisons roi
Mais te faire honneur sera toujours notre loi
Par tes entrailles nous fûmes tiens
Dans notre cœur tu nous appartiens

Que le Seigneur déverse sur toi une pluie de forces
Qu'il ne cesse de te faire protectrice en haussant
ton torse
Afin que tu demeures téméraire
Pour éloigner de nous les vagues de mer

Toi dont la force nous affaiblit
Toi dont la faiblesse nous fortifie
Nous prions pour que tu sois Rhin

Afin de continuer à s'énamourer de ta seine qui
coule sans tarir

Joyeux anniversaire ma muse de longtemps
ÔSeigneur daigne être maître de son temps

Duel des idées

Souviens-toi de ses yeux
Souviens-toi de ses cris aux dieux
Sa main sanglante leur tendant la main
En hurlant aidez-moi mon combat sera vain

Taisez-vous leur répondirent-ils les murs ont des
oreilles
Nos familles et nous menons une vie sans abeilles
Muets nous restons
Muets nous vivrons

Faire foule ne solutionnera nos maux
Chacun de nous ici vit sans dire mots
Si nous restons muets rien ne changera
Mourir ne sera que la récompense de ce que notre
lutte engendrera

Qu'aurez-vous gagné si ce n'est la mort
L'espoir de la vie sur la mort
Joignez-vous à moi car l'avenir à besoin de nous
Vivre lâche est mieux que mourir en héros car nos
familles ont besoin de nous

Laissez-nous nous devons nous en aller
Ne partez pas venez

Nonobstant l'obscurité le jour finit par se lever
La liberté est un fruit qui se sème à l'aurore

Fuir semble parfois la solution
Mais faire face demeure la résolution
Si chacun affrontait les provoques
Si chacun luttait pour lever les équivoques

Ce pays renaîtrait
Ce pays changerait
Ce pays se réconcilierait
Ce pays s'homogénéiserait

Ne nous laissons pas obscurcir par cette piteuse
société
Ces leaders ne seront idoines en été
Ils font régner l'hiver y compris le sang
Leurs parfums de sang empestent tellement ça sent

Je rêve d'un pays méritocratique
Je rêve d'un pays où la diversité n'empêchera pas
qu'on reste identique
Seul je ne pourrai rien
Mais ensemble nous pourrions bien

Avancez-vous je serai votre ombre

Au péril de leurs vies d'autres ont fait pire pour une
société toujours sombre
Certes c'est vrai mais il y a une amélioration
Si vous parlez aujourd'hui c'est parce que nos
martyrs ont payé la rançon

Lâches nous vivons
Lâches nos progénitures subiront
Il relève de nous de changer la donne
Pour que leurs souffrances ne soient plus en tonnes

Je m'en vais défricher le chemin de mes enfants
Je refuse qu'ils vivent ce que je vis tant

Hope

Habité par le froid glacial de l'hiver avant ta venue
dans des conditions non catholiques

Outragé des circonstances qui t'ont précédées parce
qu'aveuglé par ma foi dogmatique

Pas un seul instant ne passe sans que je ne pense à
toi mon bébé d'amour

Excuse-moi car je t'avais refoulé dès ta conception
parce qu'à cette époque rien ne présageait l'espoir
en l'avenir qui aujourd'hui m'énamoure

L'incompris

Malgré lui on le méprend
Jamais on ne tient sa main qu'il tend
Moqueries et railleries lui sont jetées
Ses efforts toujours émiettés

Tel l'hiver sa présence glace l'atmosphère
Ses moindres mots empestent la sphère
Jamais entendu mais toujours combattu
Il se fraie toutefois un chemin nonobstant les
courbatures

Sa carapace gêne parce que fière de son duplex
Malheureusement il ne suscite que les complexes
Et si on apprenait à le connaître
Et si on s'abstenait du paraître

On s'apercevrait qu'il ne gît que le feu de pailles
Dont la flamme ne mène aucune bataille
Arrosé par la pluie de munitions il se dresse une
muraille
Afin de se protéger des moindres failles

Kumba le combat

Terre entourée de vies
Où s'épanouissaient des colombes ravies
Devenue le reflet de son ombre
Son goût et sa soif de liberté encombrent

Son intégrité lui coûtera sa paix
Le poids de décennies de néant lui sera fixé par
surfaix
Boum Boum et Boum ne rythment qu'au quotidien
Le silence des uns et la fuite des autres sont leurs
gardiens

Coulent de sept colombes des douzaines de litres
de sang
Versés par les mains innocentes des gangs
Ligotés par le creux de leurs ventres
Ils s'exécutent aux ordres qui les désancrent

Laissant femmes et enfants flamboyants de
douleurs
Pour prendre femmes et enfants en quête de labeur
Leur crime est de rechercher la liberté
De venir les ailes blanches déployées en tenant un
rameau d'olivier dans le bec avec fierté

Et las elles sont ensanglantées
Leurs prédateurs hantés par la peur de perdre leur
pourvoir sont déjantés
Tirant de partout ils sèment un chaos irréversible
Écrasent les âmes les plus accessibles

Brisant ainsi les règles élémentaires de la guerre
Pour créer en interne des guéguerres
KUMBA terre aujourd'hui souillée par le sang de
l'innocence
Dont l'effroi n'émeut en rien leurs bourreaux qui
crient au pouvoir de la force légale avec
véhémence
Jusqu'à quand

Le jour de toutes les passions

Te rencontrer fut et demeure mon plus grand
combat
Si je savais ce qu'est aimer,
Aujourd'hui je sais ce que c'est d'être amoureux
Te conquérir a fait de moi un vaillant soldat
S'il te plaît ma rose rends-moi heureux

Vaincre les obstacles pour toi ne m'effraie guère
Mais penser qu'un jour je pourrais te perdre
m'anéantit
L'amour pour moi est une guerre
Chacun se bat pour être victorieux, respecté et
applaudi

La femme pour d'autres est un colchique
Mais pour moi tu es un jardin rempli de fleurs
Te cueillir ne saurait m'être maléfique
Car notre amour n'est pas une lueur

Pas besoin du 14 février pour danser au rythme du
battement de nos cœurs
Chaque jour avec toi est une mélodie de joies
Que l'expression de mon amour ne t'effraie et ne
crée en toi de la rancœur

Sache que t'aimer, te désirer et te savoir à mes
côtés font de moi un roi

Le jour de nos passions c'est aujourd'hui, demain et
éternellement
Un seul jour ne pourrait suffire pour le vivre
Laisse-toi guider par les pétales de roses qui
mènent à notre chambre habilement
Et que notre amour nous enivre

Dans le tunnel

Ma vie
Une bouteille de whisky
Noyé dans l'obscurité de la nuit
Fuir le jour
Rattrapé par la triste réalité

Je pleure
L'aube matinée approche
Les coqs chantent
Mon corps frissonne de terreur
Que faire

A quand le bout du tunnel
Le désespoir
Ma vie
Une bouteille de whisky
Afin d'oublier que le bout du tunnel n'est qu'une
lueur d'espoir

Mes efforts vains
Ma foi en dérisoire
L'amour brûlé
Le présent qui me consume à petit feu
Je veux m'éterniser dans l'obscurité de la nuit

Mais elle ne dure que six heures
Je crie à l'aide au Seigneur de toutes mes forces en
pleurant
Mais il semble qu'il ne m'écoute guère
Un verre de whisky à sec dans la bouche
Les souvenirs me hantent nonobstant mon état
d'ivresse

La réalité parvient toujours à me rattraper
Ma vie
Une bouteille de whisky
Ma vie
Un long tunnel dont le bout semble si loin et
indigne à ma personne

La mère de l'humanité

Souffrir le martyr pour ses convictions
Voulant croire à un monde paisible d'actions
Devant les atrocités et l'inhumanité des Hommes
Au péril de ton ombre autonome

Ta foi est restée inébranlable
Debout face au vent du Rhin qui secouait sur le
bord des osiers de manière inlassable
Tu as cru malgré vents et marrées en la vie que tu
portais en toi
La rigidité du soleil qui s'abattait n'a point effrité
ton toit

Oh femme toi qui porte la vie
Que la flamme qui flambe en toi te donne vie
Dieu seul pourra atténuer tes peines
Il connaît combien ton âme est saine

Enivrée d'amours ta puérilité a été mise en jeu
Utopie étaient les roses qui s'énamouraient pour
des jeux
Mais malgré cette cruauté la vie que tu as donnée
t'a donné vie
Aimer t'a de nouveau donné vie

Instinctivement par ce joyeux cri annonçant la
venue triomphale de l'enfant Roi
Malheurs et peines se sont transformés en joies
Exprime-leur, écris-leur et cris haut et fort
Que ce fruit n'est que l'expression de l'amour de
DIEU qui t'a rendu forte

Malgré moi

Ce qui est en moi est plus fort que ce qui est dans
le monde
Oh DIEU que ta grâce m'émonde
Mes efforts seuls sont vains
Mes plaisirs refoulés sont pleins
Malgré moi je tombe dans la tentation
Le monde me miroite des contemplations
Mon Esprit s'enivre de désirs

Mes idéologies et mes convictions ne sont que
manifestes de la chaire
Seigneur le Christ Ô Seigneur le miséricordieux es-
tu fait de chair
Ma faim inlassable de plaisirs s'enroue
L'amour est devenu mauvais
Mon âme au soleil se dévêt
Ma flamme s'allume sous le boisseau
Que ton sang versé sur la croix me libère de ce
haineux trousseau

J'aimerais un jour m'écouter moi-même
J'aimerais enfin savoir qui je suis
Taire ta voix qui sans cesse me juge
Vivre d'un lyrisme non dogmatique

Malgré moi je succombe au fruit défendu
Malgré moi je suis indigne à ta face
Enivre-moi du sang coulant de ton corps pendu
Tiens-moi et guide-moi afin que je plaise à ta face

À mon oncle

Je me souviendrai du temps
Où nous marchâmes ensemble
Certes qu'au rythme de tes pas
Mais toujours serein car tu fus notre rempart

Je me souviendrai toujours de toi
Oui de toi
De cette pesanteur sereine qui t'habitait
De ton don de soi au dépend de toi qui ne te quittait

Ce fut d'ailleurs ton identité

Milles mots pourraient couler de milles entités
Mais quelques seulement auront connu ta vraie
identité
D'emblée l'Homme se plaît aux aprioris qui
caricaturent
Mais peu prêtent attention à la réalité qui capture

Comment aurions-nous pu danser au rythme de ta
vie
Juste te reconnaître en personne pour en être ravi
Ta personnalité agissante n'enfantait que contraste
Mais ta personne et ton humanité légendaire
semblaient cinéastes

Toi le philanthrope de cœur

Empoigné à présent par le destin
Mais sauvé par notre instinct
Tu seras toujours présent
Nonobstant ton corps absent

La mort n'est pas la fin d'une vie
C'est nôtre consolation et on s'en ravit
Car dorénavant tu seras ce vent-là du soir
Ces tiges d'arbres de BANGANG-FOKAM sur
lesquelles on va s'asseoir

Comme le Wouri tu ne tariras
Comme cet arbre dont les tiges demeurent tu ne
finiras
Tu ne cesseras de t'enraciner dans nos vies au-delà
du temps
Et nous continuerons à t'aimer tant
Nous garderons de toi

Les souvenirs d'un grand Homme fort et courageux
Les souvenirs d'un assembleur pieux
Les souvenirs d'un bon responsable d'une famille
indestructible

Les souvenirs d'un enfant fidèle à Dieu nonobstant
les diatribes

Certes le Baobab est tombé
Mais ses œuvres seront toujours et à jamais
éternelles
Repose-toi des talents que le Seigneur t'a donnés
KOUPOU

Brisures

Ronald Wouegoum Tala

Racine

Pourquoi me demander qui je suis
Alors que vous n'ignorez pas qui je suis

Je suis le baptême de sang imposé à l'esclave nègre
affranchi
La déesse du Nil marquée du spectre de la
négritude
Je suis la poussière du continent Noir
Les cendres du Berceau de l'Humanité
Je suis la graine de vent semée dans le désert
Qui porte ses fruits aujourd'hui tant convoités
Je suis l'enfant prodige égaré dans la tempête
De retour sur sa terre nourricière en ange gardien
Je suis le grand singe du climat sec
La semence de la végétation plus rare
Je suis Lucy l'Homo Sapiens
A qui l'émotion a été attribuée et la raison volée
Je suis le grand Sahara jadis fertile
Aujourd'hui stérilisé par l'arme au phosphore
Je suis l'Abyssinie la Rift Valley la Haute Volta le
Gold Coast jadis heureux
Aujourd'hui étranglé par mes bourreaux
Je suis Tobrouk le Daomé le Maghreb né nanti
Aujourd'hui je trépasse dans l'arène de la faim
Je suis le berceau de la civilisation et de la culture

Victime de la civilisation et de l'aliénation
culturelle
Je suis le doux agneau blanc aux poils souples
Qui échappe à l'avidité du loup vorace à la gueule
toujours pleine
Je suis le Pharaon du savoir
À qui la sagesse a été refusée
Je suis la racine de la paix le socle de l'amour la
source du bonheur l'espoir des espoirs
Mais on m'attribue la paternité des fruits de la
haine de la guerre du malheur et du désespoir

Pourquoi me demander qui je suis
Alors que vous n'ignorez pas qui je suis

Je suis la richesse des richesses le travailleur des
travailleurs la liberté des hommes au cachot
Et mes fils sont considérés comme la misère des
misères les sous paresseux des sous paresseux les
esclaves des esclaves
Non ça je ne le suis pas
D'ailleurs je ne l'ai jamais été

Pourquoi me demander qui je suis
Alors que vous n'ignorez pas qui je suis

Je suis le patrimoine mondial
Je suis le paysage culturel de Mapungubwe de
Tsodilo
Je suis les sites des Hominidés fossiles de
Sterkfontein Swartkran
Je suis la vallée du M'Zab les palais royaux
d'Abomey
Je suis la réserve de faune du Dja d'Okapis du
Mont du Tsingy de Bemaraha
Je suis la réserve de gibier de Sélous
Je suis le parc national de Manovo-Gounda Saint
Floris des Virunga de Taï du Simien
Du lac Turkana du Banc d'Arguin du Niokolo-
Koba du Serengeti
Je suis le miracle naturel du Nkeu Nta'a Ntet
Je suis la fête culturelle du Gwouo'o Gwouong
Ssa'a du Ngondo
Je suis la fête historique des Ewe
Je suis le Gadao-Adoso la fête des couteaux
Je suisTamkharit
Je suis Maouloud
Je suis le Marrakech du rire
Je suis le Wardi Al-Hitan
Je suis Abou Mena
Je suis Fasil Ghebi
Je suis Harar Jugol

Je suis le paysage culturel de Lopé-Okanda de
Sukur
Je suis les cercles mégalithiques de Sénégambie
Je suis les bâtiments traditionnels d'Ashanti
Je suis les sites archéologiques de Cyrène de Leptis
Magna de Sabratha
Je suis la colline royale d'Ambohimanga
Je suis l'art rupestre de Chongoni
Je suis la forêt sacrée d'Osun-Oshogbo la forêt
impénétrable de Bwindi
Je suis Atoll d'Aldabra Gebel Barkal
Koutammakou
Je suis la cité punique de Kerkouane l'amphithéâtre
d'El Jem
Je suis les chutes Victoria les ruines de Khami

Pourquoi me demander qui je suis
Alors que vous n'ignorez pas qui je suis

Je suis la porte ouverte à l'hospitalité
La fenêtre fermée à l'hostilité
Je suis le désert de lettres dans lequel renaît
l'Ecriture
Je suis la République des Républiques
Je suis l'État des États
Je suis la Nation des Nations
Je suis le Peuple des Peuples

Je suis la Patrie des Patries
Je suis l'Afrique !

Regard social

A l'aide à l'aide à l'aide gémit la dame au sari tout
blanc
Elle franchit le seuil du portail signe de vie ou de
mort
Et son sari blanc devient tout rouge couleur de sang
En ses entrailles ils méditent sur leur pauvre sort
Ravie   la sage-femme   exige la caution

Et la pauvre dame s'écroule brutalement
En son cœur que de lamentations
Mon Dieu que le monde est sanglant
Autour d'elle on croise les bras

En son sein ils sont las
Et on l'abandonne
Et elle se donne

Et la mort
L'appelle
Elle

La contestation

Leçon d'histoire au cours préparatoire
Le maître d'histoire raconte ses histoires
Les parfaits élèves éveillés sont tout ouïe
Le médiocre endormi se réjouit
Au tableau la carte de l'Europe
Dans son songe le visage de l'Afrique
Et les idées se développent
Et l'évasion se complique
Le maître le capture de sa belle nuit
Le médiocre s'évanouit dès son atterrissage
Quel carnage !
Ma racine est celle que je suis
Mon histoire celle qui me poursuit
Ma culture est celle qui me réjouit
Ma langue celle qui me séduit
Mon essence est tout ce qui me nourrit

Un si long voyage

S'en aller est ce à quoi ils pensent
Pauvres fils du Sahel au cœur en transe

L'Afrique fait des rêves en couleur
L'Europe prétend consoler ses peines de cœur
Où allez-vous Où allez-vous enfants audacieux
Revenez-vous qui êtes encore heureux
Ivres de rêves vous partez tous
Plus jamais on ne vous reverra pour toujours
Le Sahara est une morgue et le Kalahari un caveau
Incinérés vous chanterez tous le crédo
Et la Méditerranée
Et la Méditerranée
Un immense cimetière
Elle vous accueillera les bras grandement ouverts

S'en aller est ce à quoi ils pensent
Pauvres fils du Sahel au cœur en transe

Le son du Balafon se fait entendre
Et l'agora demeure vide
La moisson est fructueuse
Mais les ouvriers ont expiré
La tige de blé s'est écrasée
Sous le poids de ses graines charnues

Les corbeaux se gavent de mil
Qui sont à la merci des termites
Les abeilles s'évanouissent et meurent
Asphyxiées par le miel qui inonde leurs ruches
Il pleut du maïs et du sorgho
Dans nos champs de tubercules
Les animaux font leur festin
Vous pointez du doigt votre destin
Le Char des Dieux vomit de l'or
De l'or pur
Encore inconnu des autres
Et il y en a pour tous
Il vous appartient
Et le Kilimandjaro
Des larves de diamants
Oh Du pur diamant
Du diamant noir
Du diamant blanc
Du diamant rouge
Du Diamant jaune
Qui arrose nos terres
Nos terres fertiles
Si fertiles
Si noires
Si tendres
Si douces
Si productives

Et il y en a pour tous
Elles vous appartiennent

Revenez chantez et dansez
Ne partez pas ensevelis
Ne soyez pas la manne des coyotes
Ne finissez pas dans l'estomac des requins
Ne devenez pas des appâts
Ne soyez pas des hannetons
Qui chantera pour nous l'hymne de la gloire
Qui hissera pour nous le drapeau de la Renaissance
Qui lèvera pour nous le trophée de la victoire
Qui plaidera pour nous au prétoire des grandes
nations
Qui conservera pour nous notre histoire notre
culture notre richesse notre secret
Et le rêve
Le grand rêve
Qui le réalisera
Kwame Nkrumah se retournerait dans sa sépulture
Que direz-vous à nos ancêtres
Ne partez pas engloutis
Revenez chantez et dansez
Revenez
Revenez
Revenez

Ange et démon

Dans cet enfer paradisiaque
Une ténébreuse lumière jaillit
Assise sur le trône de vie
Un pieu lui transperçant le cœur
L'ange à la beauté du diable
Se réjouit et se plaint
Une jolie pomme vénéneuse à main
L'agneau avance au cœur du loup
Regardant le serpent gentiment
Du talon elle lui écrase la tête méchamment
Elle le bénit de la bouche
Du cœur elle le maudit et se réjouit

Dans cet enfer paradisiaque
Une lumière ensoleillée s'obscurcit et noircit
Précipitée par son extrême lenteur
La beauté du diable avance et recule
Guidée par son ignorance consciente
Elle dit qu'elle l'aime et pense à sa livraison
Verse une tornade de larmes et pense à sa
crucifixion
L'embrasse pour mieux lui planter le pieu dans le dos
Se lave les mains pour mieux les salir
Lui donne un baiser en lui arrachant la barbe
Lui offre la pomme et célèbre sa mort

La récolte

La grand-mère de deux cents quarante ans
Dans son champ nu transpire de grosses gouttes de
sang
Autour d'elle ses cent dix petits fils se tordent de
cris
Et le soleil de midi méchamment lui sourit

Elle mord le sol rocheux de ses doigts en fer
Son visage sanglant se reflète sur le roc crépitant
Et le soleil de midi méchamment luit sourit

Il est vingt-deux heures et c'est encore l'aube du
calvaire
Ses dix petits fils se baignent dans leurs larmes de
sang
Et la pauvre grand-mère s'écroule toute meurtrie

Le champ est désert et dévasté par des flammes
L'ouvrière est en guerre et emportée par ses larmes
Son petit-fils jadis en vie est dans l'agonie et
enseveli
Et la pauvre grand-mère s'écroule toute meurtrie

L'école de chez nous

Quelle est enviable l'école de chez nous
Nous avons tous les meilleurs enseignants
On ne les retrouve nulle part ailleurs
Socrate est professeur de mathématiques
Il a une licence en restauration
Cheikh Anta Diop est expert en finance
Il enseigne l'astronomie
Pythagore dispense les cours de marketing
Il est maître de conférences en psychologie
Galilée enseigne la chaudronnerie
À l'aide d'un livre d'histoire
Newton dispense les cours d'anatomie pathologie
Avec une expertise en comptabilité
Diesel fait de la microbiologie
Il est docteur en macro économie
Louis Pasteur enseigne l'égyptologie
Il est agrégé en droit public
Einstein fait de la théologie
Avec une agrégation en grammaire

Quelle est enviable l'école de chez nous
Nous avons tous les meilleurs enseignements
Nous sommes tous des petits génies
J'ai un Certificat d'Étude Primaire en politique

J'ai été évalué en économie en droit en chimie en
mathématiques en physiques
En science de la vie et de la terre en technologie en
histoire en géographie en comptabilité en science
politique en philosophie en sociologie en
menuiserie en mécanique en anthropologie en
chaudronnerie en langue française en anglais en
italien en chinois en allemand en espagnol en latin
en informatique et que sais-je encore

Quelle est enviable l'école de chez nous
Nous savons tout faire
Et nous ne faisons rien
Ils nous ont tout enseigné
Et ils ne nous ont rien enseigné
Qui nous a enseigné quoi
Personne et rien

Les animaux malades des politiques

Comme il souffre l'instinct politique
Il est malade de la raison politique
La pauvre tortue a une fièvre tyrannique
Elle avale une pilule de démocratie
Le malheureux caméléon a une dartre monarchique
Il reçoit une injection séparatiste
La libellule est aveugle de démagogie
Elle bénéficie d'une cure indépendantiste
La chauve-souris brûle de gérontocratie
Elle est internée dans une gendarmerie
Le coq est agonisant d'une aphonie
Il avale un comprimé d'exécution
Le perroquet éternue de détention
Il reçoit un sérum d'arrestation
Les abeilles se sont brisé leurs ailes d'association
Elles bénéficient d'un vaccin de division
Les baleines se noient par manque d'expression
Elles sont inhumées dans le caveau de leurs
manifestations
Le chameau a soif d'opposition
Il agonise dans le désert de la rébellion
Le serpent s'est tordu la cheville d'un manque
d'autorisation
On lui ampute la jambe sur autorisation de la
constitution

A qui la faute

Il est 16 heures 90 minutes
La cloche retentit bruyamment
Enfin s'exclament les élèves joyeusement
Entre l'inspecteur avec une minute
Asseyez-vous mes enfants amadoue le professeur
Et ils s'en tête les enfants de cœur
Le professeur couché pose une question
Le centième élève assis répond avec précipitation
Et les enfants de cœur las se précipitent à sortir
Et à l'inspecteur de dire
Je me demande ce que vous enseignez
Dans vos salles de classe
Et au professeur de sourire
Je me demande ce que vous inspectez
Dans vos salles de classe
Et à l'inspecteur de rire
Je me demande ce qu'ils m'envoient inspecter
Dans leurs salles de classe
Et la salle de classe vide éclate de rire

Coups de cœur

Les animaux vont à la chapelle
Les hommes vont au cimetière
Les animaux font la paix
Les hommes font la guerre
Ceux-ci agissent par instinct
Ils essuient les premières larmes
Ceux-là font appel à leur raison
Ils recueillent les dernières larmes
Les premiers signent le traité de paix
Les deuxièmes scellent le pacte de la guerre
Et ils mettent la croix
Et ils plantent des croix
Le loup et l'agneau lèvent la coupe de l'amitié
Le démocrate et le républicain croisent les sabres
de la conquête
Et ils soudent leurs mains de fer
Et ils croisent leur regard en fer
L'antilope panse les plaies du lion
Ils crèvent les yeux de l'aveugle
Le hanneton défile devant son prétendant le
corbeau
Ils arrachent tout à zéro
Le lion célèbre sur son trône l'homélie
Lève la coupe de l'alliance
Et distribue l'hostie en partage

Il ordonne par son canon le coup de l'offensive
Vise les traités des différends
Et distribue des obus en partage
Les animaux vont au paradis
Les hommes vont en enfer
Le paradis fait le plein d'hommes
L'enfer fait le plein d'animaux

Table des Matières